Impressum
Verlag: BABADADA GmbH, Nedderfeld 112 , 22529 Hamburg
Geschäftsführer / Verlagsleitung: Harald Hof
Druck: Books on Demand GmbH, In de Tarpen 42, 22848 Norderstedt

Imprint
Publisher: BABADADA GmbH, Nedderfeld 112 , 22529 Hamburg, Germany
Managing Director / Publishing direction: Harald Hof
Print: Books on Demand GmbH, In de Tarpen 42, 22848 Norderstedt, Germany

სკოლა

اسکول

საკლასო ოთახი
کمرہ جماعت
გაყოფა
تقسیم کریں
186/2
დაფა
بورڈ
სკოლის ეზო
سکول کا صحن
მასწავლებელი
اُستاد
ქაღალდი
کاغذ
წერა
კალამი
قلم
მაგიდა
میز
სახაზავი
پیمانہ
წიგნი
کتاب
მოსწავლე
شاگرد

ზურგჩანთა

بستہ

პენალი

پینسل کیس

ფანქარი

پینسل

ფანქრების სათლელი

پینسل شارپنر

საშლელი

ربڑ

ნახატების ალბომი

ڈرائنگ پیڈ

ნახატი

ڈرائنگ

ფუნჯი

پینٹ برش

საღებავის ყუთი

پینٹ باکس

მაკრატელი

قینچی

წებო

گوند

სავარჯიშო რვეული

مشق کی کاپی

საშინაო დავალება

ہوم ورک

12

ნომერი

ہندسہ

2+2

დამატება

جمع کریں

5-2

გამოკლება

منفی کریں

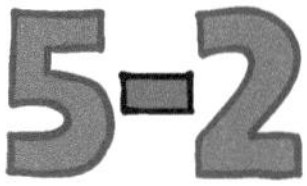

2×2

გამრავლება

ضرب دیں

გამოთვლა

شمارکریں

A

წერილი

خط

ABCDEFG
HIJKLMN
OPQRSTU
VWXYZ

ანბანი

حروف تہجی

hello

სიტყვა

لفظ

ტექსტი

متن

წაკითხვა

پڑھنا

ცარცი

چاک

გაკვეთილი

سبق

რეგისტრაცია

اندراج

გამოცდა

امتحان

სერტიფიკატი

سند

სკოლის ფორმა

سکول یونیفارم

განათლება

تعلیم

ენციკლოპედია

انسائیکلوپیڈیا

უნივერსიტეტი

یونیورسٹی

მიკროსკოპი

خورد بین

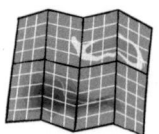

რუქა

نقشہ

კალათა ნარჩენი ქაღალდებისათვის

ویسٹ پیپرباسکٹ

სასტუმრო
ჰოსტელი
ہاسٹل
ვალუტის გადაცვლის პუნქტი
رقم تبدیل کرانے کیلئے دفتر
ჩემოდანი
سوٹ کیس
მანქანა
کار

ენა

زبان

კი / არა

ہاں / نہیں

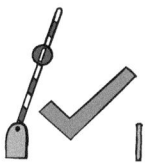

კარგი

ٹھیک ہے

გამარჯობა

ہیلو

მთარგმნელი

مُترجم

გმადლობთ

شُکریہ

რა ღირს... ?

... کی کیا قیمت ہے؟

ვერ გავიგე

میں نہیں سمجھتا

პრობლემა

مشکل

აღამო მშვიდობისა!

شام بخیر!

დილა მშვიდობისა!

صبح بخیر!

ღამე მშვიდობისა!

شب بخیر!

ნახვამდის

الوداع

მიმართულება

سمت

ბარგი

سفری سامان

ჩანთა

بیگ

ზურგჩანთა

بیگ پیک

სტუმარი

مہمان

ოთახი

کمرہ

საძილე ტომარა

سلیپنگ بیگ

კარავი

ٹینٹ

ურისტული ინფორმაცია

سیاحوں کے لئے معلومات

სანაპირო

ساحل

საკრედიტო ბარათი

کریڈٹ کارڈ

საუზმე

ناشتہ

ლანჩი

لنچ

ვახშამი

ڈنر

ბილეთი

ٹکٹ

ლიფტი

لفٹ

საფოსტო მარკა

مُہر

საზღვარი

سرحد

საბაჟო

کسٹمز

საელჩო

سفارت خانہ

ვიზა

ویزا

პასპორტი

پاسپورٹ

ტრანსპორტი

نقل وحمل

თვითმფრინავი
ہوائی جہاز
გემი
سمندری جہاز
სახანძრო მანქანა
آگ بُجھانےوالی گاڑی
ავტობუსი
بس
სატვირთო მანქანა
ٹرک
მოტორიზებული ნავი
موٹربوٹ
ველოსიპედი
سائیکل
მანქანა
کار

ბორანი

فیری

ნავი

کشتی

მოტოციკლი

موٹرسائیکل

პოლიციის მანქანა

پولیس کار

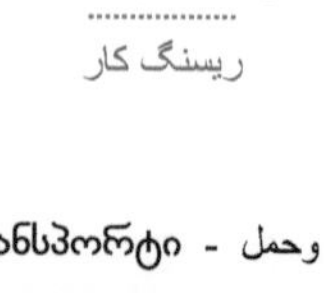

სარბოლო მანქანა

ریسنگ کار

დაქირავებული მანქანა

کرایہ پرکار

მანქანის ერთობლივი მოხმარება
کارکا اشتراک کرنا

საბუქსირე მანქანა
کھینچنے والا ٹرک

ნაგვის მანქანა
کوڑے والا ٹرک

ძრავა
کار

საწვავი
ایندھن

ბენზინგასამართი სადგური
پٹرول اسٹیشن

საგზაო ნიშანი
ٹریفک کےنشانات

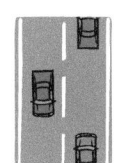

მოძრაობა
ٹریفک

საცობი
ٹریفک جام

მანქანის სადგომი
کارپارک

მატარებლის სადგური
ٹرین اسٹیشن

ლიანდაგები
پٹڑیاں

მატარებელი
ٹرین

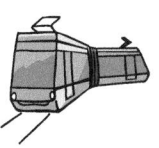

ტრამვაი
ٹرام

ვაგონი
ویگن

ვერტმფრენი

ہیلی کاپٹر

აეროპორტი

ائرپورٹ

კოშკი

ٹاور

მგზავრი

مسافر

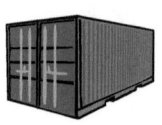

კონტეინერი

کنٹینر

მუყაოს ყუთი

ڈبہ

ურიკა

ریڑھا

კალათა

ٹوکری

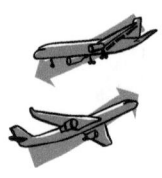

აფრენა / დაშვება

اُڑان بھرنا / زمین پراُترنا

ქალაქი

شہر

სოფელი

گاؤں

ქალაქის ცენტრი

سٹی سنٹر

სახლი

مکان

CINEMA
კინოთეატრი
რეკლამა
اشتہار
ქუჩის ლამპიონი
ქუჩა
گلی
ტაქსი
ٹیکسی
სავაჭრო ჯიხური
اسنیک شاپ
ქვეითი
پیدل چلنےوالا
ტროტუარი
پُختہ راستہ
ქვეითების გადასასვლელი
زیبرا کراسنگ
ჯვარედინი
پارکرنےکی جگہ
ნაგვის ურნა
بن
შუქნიშანი
ٹریفک لائٹس

ქოხი

ہٹ

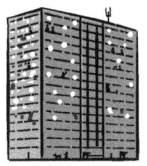

ბინა

فلیٹ

მატარებლის სადგური

ٹرین اسٹیشن

მუნიციპალიტეტი

ٹاؤن ہال

მუზეუმი

عجائب گھر

სკოლა

اسکول

უნივერსიტეტი	ბანკი
یونیورسٹی	بینک

საავადმყოფო

ہسپتال

სასტუმრო

ہوٹل

აფთიაქი

فارمیسی

ოფისი

دفتر

წიგნების მაღაზია

کتابوں کی دکان

მაღაზია

دکان

ფლორისტი

پھولوں کی دُکان

სუპერმარკეტი

سُپرمارکیٹ

ბაზარი

مارکیٹ

მაღაზიის განყოფილება

ڈیپارٹمنٹ سٹور

თევზის გამყიდველი

مچھلی کی دُکان

სავაჭრო ცენტრი

شاپنگ سنٹر

ნავსადგომი

بندرگاہ

პარკი

پارک

გრძელი სკამი

بنچ

ხიდი

پُل

კიბეები

سیڑھیاں

მიწისქვეშა გადასასვლელი

انڈرگراؤنڈ

გვირაბი

سرُنگ

ავტობუსის გაჩერება

بس اسٹاپ

ბარი

شراب خانہ

რესტორანი

ریسٹورنٹ

საფოსტო ყუთი

پوسٹ باکس

ქუჩის ნიშანი

اسٹریٹ سائن

პარკინგის საზომი

پارکنگ میٹر

ზოოპარკი

چڑیا گھر

საცურაო აუზი

سوئمنگ پول

მეჩეთი

مسجد

ფერმა

کھیت

გარემოს დაბინძურება

آلودگی

სასაფლაო

قبرستان

ეკლესია

چرچ

საბავშვო მოედანი

کھیل کا میدان

ტაძარი

مندر

ლანდშაფტი

منظر

ფოთოლი
پتہ
გზის მანიშნებელი ნიშანი
გზა
راستہ
მდელო
سبزہ زار
ქვა
پتھر
მოგზაური
پیدل چلنے والا، ہائکر
ხე
درخت
მდინარე
دریا
ბალახი
ყვავილი
پھول

ხეობა

وادی

გორაკი

پہاڑی

ტბა

جھیل

ტყე

جنگل

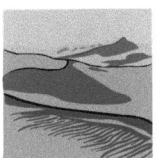

უდაბნო

صحرا

ვულკანი

آتش فشاں

ციხე

قلعہ

ცისარტყელა

قوس قزح

სოკო

کھمبی

პალმა

کجھورکا درخت

კოღო

مچھر

ბუზი

مکھی

ჭიანჭველა

چیونٹی

ფუტკარი

مکھی

ობობა

مکڑا

ხოჭო

بھونرا

ბაყაყი

مینڈک

ციყვი

گلہری

ზღარბი

خارپُشت

კურდღელი

خرگوش

ბუ

اُلو

ფრინველი

پرندہ

გედი

راج ہنس

ტახი

سؤر

ირემი

ہرن

ცხენ-ირემი

امریکی بارہ سنگھا

კაშხალი

ڈیم

ქარის ტურბინა

ہوا سےچلنےوالی ٹربائین

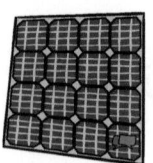

მზის ბატარეა

سولرپینل

კლიმატი

آب وہوا

რესტორანი
ریسٹورنٹ

მიმტანი
მენიუ
სკამი
کُرسی
სუპი
سوپ
პიცა
پیزا
მაგიდაზე გადასაფარებელი
ٹیبل کلاتھ
დანა-ჩანგალი

საუზმე

اسٹارٹر

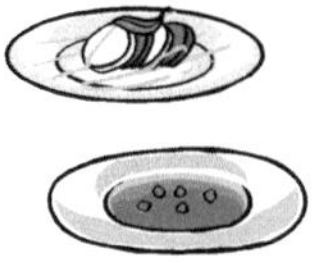

მთავარი კერძი

مین کورس

დესერტი

ڈیزرٹ

დასალევი

مشروبات

საჭმელი

کھانےکی اشیاء

ბოთლი

بوتل

სწრაფი კვება

فاسٹ فوڈ

ქუჩის საჭმელი

اسٹریٹ فوڈ

ჩაიდანი

چائےدانی

საშაქრე

شوگرباکس

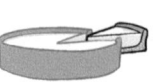

პორცია

حصہ

ესპრესოს მანქანა

ایسپریسو مشین

მაღალი სკამი

اونچی کُرسی

ანგარიში

بل

ლანგარი

ٹرے

დანა

چھُری

ჩანგალი

کانٹا

კოვზი

چمچ

ჩაის კოვზი

چائےکا چمچ

ხელსახოცი

سرویئیٹی

ჭიქა

شیشہ

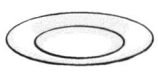

თეფში

پلیٹ

სუპის თეფში

سوپ پلیٹ

ჩაის ლამბაქი

طشتری

საწებელი

چٹنی

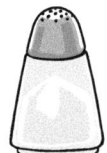

სამარილე

سالٹ شیکر

წიწაკის საფქვავი

پیپرمل

ძმარი

سرکہ

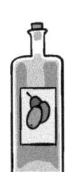

ზეთი

خوردنی تیل

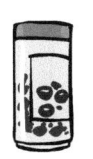

სანელებლები

مصالحے

კეტჩუპი

کیچپ

მდოგვი

سرسوں

მაიონეზი

میئونیز

სუპერმარკეტი
سُپرمارکیٹ

სპეციალური შეთავაზება
خصوصی پیشکش
FOR
მომხმარებელი
گاہک
რძის ნაწარმი
ڈیری
ურიკა
ٹرالی
ხილი
پھل

საყასბო

گوشت کی دُکان

საცხობი

بیکری

აწონვა

وزن کرنا

ბოსტნეული

سبزیاں

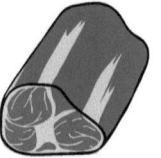

ხორცი

گوشت

გაყინული საკვები

جما ہوا کھانا

გრილი ხორცი

کولڈ کٹس

კონსერვები

ڈبے میں بند کھانا

სარეცხი ფხვნილი

واشنگ پاؤڈر

ტკბილეული

مٹھائیاں

საყოფაცხოვრებო პროდუქტები

گھریلو مصنوعات

სარეცხი საშუალებები

صاف کرنے کیلئے مصنوعات

გამყიდველი

سیلزپرسن

სალარო

کیش رجسٹر

მოლარე

کیشئیر

საყიდლების სია

خریداری کی فہرست

მუშაობის საათები

اوقات کار

პორტმანი

بٹوہ

საკრედიტო ბარათი

کریڈٹ کارڈ

ჩანთა

تھیلا

პლასტიკური პარკი

پلاسٹک کے تھیلے

დასალევი

مشروبات

წყალი

پانی

წვენი

جوس، رس

რძე

دودھ

კოკა-კოლა

کوک

ღვინო

وائن

ლუდი

بیئر

ალკოჰოლი

الکوحل

კაკაო

کوکوآ

ჩაი

چائے

ყავა

کافی

ესპრესო

ایسپریسو

კაპუჩინო

کیپاچینو

საჭმელი

کھانےکی اشیاء

ბანანი

....

کیلا

ვაშლი

....

سیب

ფორთოხალი

....

مالٹا

საზამთრო

....

خربوزہ

ლიმონი

....

لیموں

სტაფილო

....

گاجر

ნიორი

....

لہسن

ბამბუკი

....

بانس

ხახვი

....

پیاز

სოკო

....

کھُمبی

კაკალი

....

اخروٹ، بادام وغیرہ

ატრია

....

نوڈلز

სპაგეტი

اسپیگیٹی

ბრინჯი

چاول

სალათი

سلاد

ჩიპსები

چپس

შემწვარი კარტოფილი

تلےگئےآلو

პიცა

پیزا

ჰამბურგერი

ہیم برگر

სენდვიჩი

سینڈوچ

კოტლეტი

کٹلیٹ

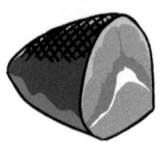

ლორი

سؤرکی ران کا گوشت

სალიამი

گوشت کی اطالوی ساسیج

ძეხვი

ساسیج

წიწილა

مُرغی

შემწვარი ხორცი

روسٹ

თევზი

مچھلی

შვრიის ფაფა

جئی کا دلیہ

მუსლი

میوزلی

სიმინდის ფანტელები

کارن فلیکس

ფქვილი

آٹا

კრუასანი

کروئیسنٹ

ბულკი

بریڈ رول

პური

بریڈ

ტოსტი

ٹوسٹ

ნამცხვრები

بسکٹ

კარაქი

مکھن

ხაჭო

دہی

ტორტი

کیک

კვერცხი

انڈا

ერბო-კვერცხი

فرائی کیا گیا انڈہ

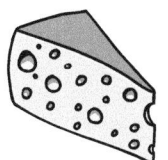

ყველი

پنیر

ნაყინი

آئس کریم

შაქარი

چینی

თაფლი

شہد

ჯემი

جام

შოკოლადის კრემი

ناؤگٹ کریم

კარი

سالن

ფერმა
کھیت

სოფლის სახლი
فارم ہاؤس
თავლა
کھلیان
ჩალის შეკვრა
تنکوں کی گانٹھ
ყანა
ცხენი
گھوڑا
მისაბმელი
ٹریلر
ტრაქტორი
ٹریکٹر
კვიცი
گھوڑے کا بچہ
ვირი
گدھا
ცხვარი
بھیڑ
ცხვარი
میمنہ

თხა
....
بکری

ძროხა
....
گائے

ხბო
....
بچھڑا

ღორი
....
سؤر

გოჭი
....
سؤرکابچہ

ხარი
....
سانڈ

ბატი

راج ہنس

იხვი

بطخ

წიწილა

چوزہ

ქათამი

مُرغی

მამალი

مُرغا

ვირთხა

چوہا

კატა

بلی

თაგვი

چوہا

ხარი

بیلچہ

ძაღლი

کُتا

საძაღლე

کُتے کا گھر

ბაღის შლანგი

گارڈن ہوْس

საბაღე წურწურა

پانی کا کین

ცელი

درانتی

გუთანი

ہل

ნამგალი

درانتی

თოხი

بیلچہ

პატივის სახვეტი ჩანგალი

ترنگل

ცული

کلہاڑا

მაზიდი

ہتہ گاڑی

გობი

حوض

რძის ბიდონი

دودھ کا کین

ტომარა

تھیلا

ღობე

باڑ

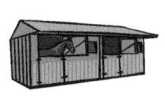

ბოსელი

اصطبل

სათბური

گرین ہاؤس

ნიადაგი

مٹی

თესლი

بیج

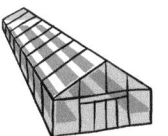

სასუქი

فرٹیلائیزر

მოსავლის ამღები კომბაინი

کمبائن ہارویسٹر

მოსავლის აღება

فصل کاٹنا

მოსავალი

فصل کاٹنا

იამი

افریقی آلو

ხორბალი

گندم

სოიო

سویا

კარტოფილი

آلو

სიმინდი

مکئی

სარეველას თესლი

توریا کا تیل

ხეხილი

پھلدار درخت

მანიოკი

کساوا

მარცვლეული

دلیہ

ბუხარი
چمنی
სახურავი
چھت
წყალსადინარი მილი
نیچے جانے والا پائپ
ფანჯარა
کھڑکی
კარის ზარი
دروازے کی گھنٹی
ავტოფარეხი
گیراج
კარი
دروازہ
ნაგვის ყუთი
کوڑے کی ٹوکری
საფოსტო ყუთი
لیٹرباکس
ბაღი
گارڈن

მისაღები ოთახი

لوونگ روم

აბაზანა

غُسل خانہ

სამზარეულო

باورچی خانہ

საძინებელი

بیڈروم

საბავშვო ოთახი

بچوں کا کمرہ

სასადილო ოთახი

کھانے کا کمرہ

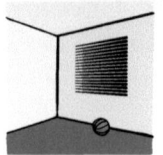

სართული

فرش

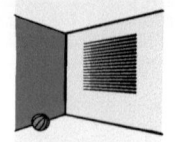

კედელი

دیوار

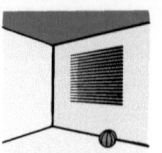

ჭერი

چھت

სარდაფი

تہ خانہ

საუნა

سوانا

აივანი

بالکونی

ტერასა

ٹیریس

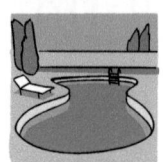

აუზი

پول

გაზონის საკრეჭი

گھاس کاٹنے کی مشین

საბნის კონვერტი

چادر

საწოლი

چادر

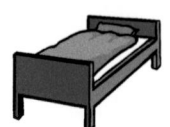

ლოგინი

بستر

ცოცხი

جھاڑو

სათლი

بالٹی

გადამრთველი

سوئچ

მისაღები ოთახი

لوونگ روم

შპალერი
وال پیپر
ნახატი
تصویر
ნათურა
لیمپ
თარო
კარადა
الماری
ტელევიზორი
ٹیلی ویژن
ბუხარი
آتش دان
ყვავილი
ბალიში
کشن
დივანი
صوفہ
ვაზა
گلدان
დისტანციური მართვა
ریموٹ کنٹرول

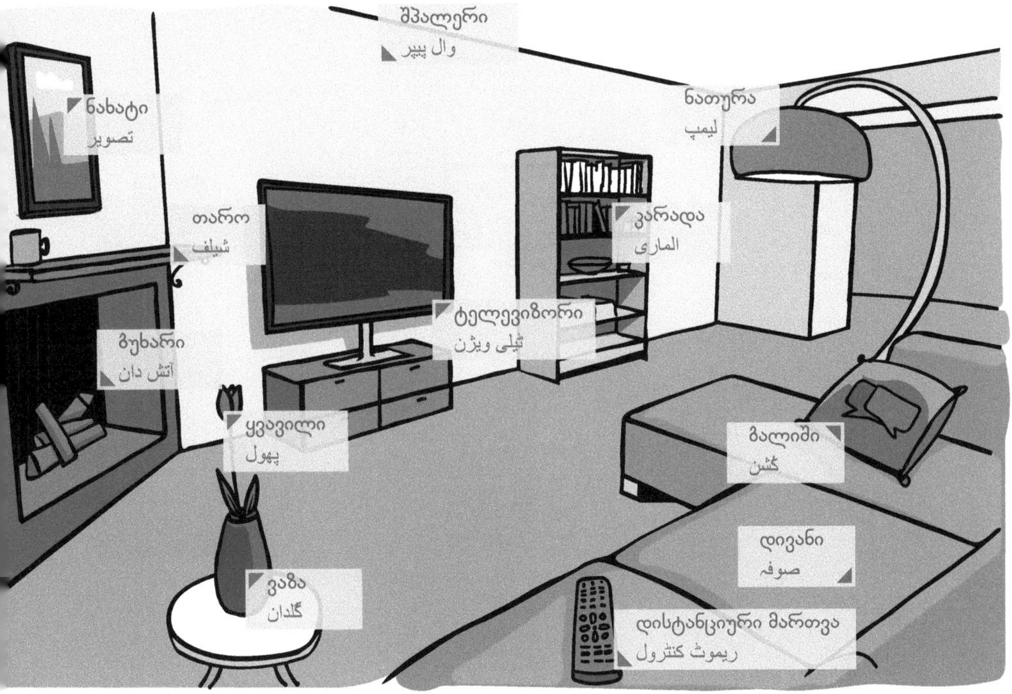

ხალიჩა

قالین

ფარდა

پردے

მაგიდა

میز

სკამი

کرسی

სარწეველა სკამი

ہلنےوالی کرسی

სავარძელი

آرام کرسی

წიგნი

كتاب

საბანი

كمبل

დეკორაცია

آرائش

შეშა

جلانے کی لکڑی

ფილმი

فلم

hi-fi მოწყობილობები

ہائی فائی

გასაღები

چابی

გაზეთი

اخبار

ფერწერა

پینٹنگ

პლაკატი

پوسٹر

რადიო

ریڈیو

ბლოკნოტი

نوٹ بُک

მტვერსასრუტი

ویکیوم کلینر

კაქტუსი

کیکٹس

სანთელი

موم بتی

სამზარეულო
باورچی خانہ

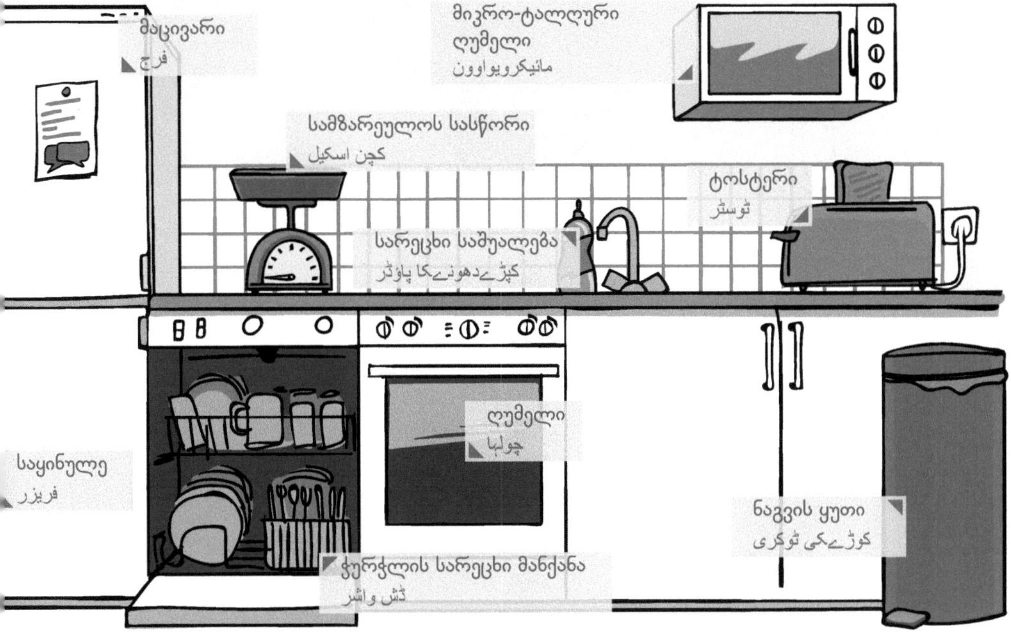

მაცივარი
فرج
მიკრო-ტალღური ღუმელი
مائیکروویوون
სამზარეულოს სასწორი
کچن اسکیل
ტოსტერი
ٹوسٹر
სარეცხი საშუალება
کپڑےدھونےکا پاؤڈر
ღუმელი
چولہا
საყინულე
فریزر
ნაგვის ყუთი
کوڑےکی ٹوکری
ჭურჭლის სარეცხი მანქანა
ڈش واشر

გაზქურა
کُکر

ქოთანი
برتن

თუჯის ქვაბი
لوہےکا برتن

ტაფა ამოზნექილი ფსკერით
کڑاہی

ტაფა
برتن

ჩაიდანი
کیتلی

ორთქლსახარში

استیمر

საცხობი ლანგარი

بیکنگ ٹرے

ჭურჭელი

کراکری

კათხა

مگ

თასი

پیالہ

ჩინური ჩხირები

چاپ اسٹکس

ჩამჩა

ڈوئی

ფითხი

کفچہ

სათქვეფელა

جھاڑودینا

საწური

مقطر

საცერი

چھلنی

სახეხი

گریٹر

სანაყი

کونڈی

გრილი

باربی کیو

კოცონი

کھلی آگ

დაფა

چاپنگ بورڈ

საგორავი

بیلن

ბურღი

کارک اسکریو

ქილა

کین

ქილის გასახსნელი

کین اوپنر

ქოთნის დამჭერი

برتن پکڑنےوالا کپڑا

ნიჟარა

سنک

ფუნჯი

برش

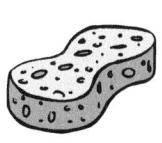

ღრუბელი

اسپونج

ბლენდერი

بلینڈر

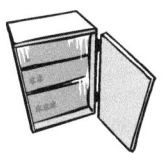

საყინულე კამერა

ڈیپ فریز

საბავშვო ბოთლი

بچےکی بوتل

ონკანი

ٹونٹی

غُسل خانہ

გათბობა
პირსახოცი
تولیہ
ღრუბლიანი აბანო
ვანა
სარეცხი მანქანა
واشنگ مشین
ფილები
ٹائلیں
ღამის ქოთანი
پاٹی
შხაპი
شاور
საშხაპე ფარდა
شاورکرٹن
ონკანი
ٹونٹی
ნიჟარა
سنک

ტუალეტი

ٹائلٹ

იატაკის ტუალეტი

دوزانوں بیٹھنےوالی ٹائلٹ

ბიდე

نچلاحصہ دھونےکیلئےپاٹ

კედლის პისუარი

پیشاب گاہ

ტუალეტის ქაღალდი

ٹائلٹ پیپر

ტუალეტის ჯაგრისი

ٹائلٹ برش

კბილის ჯაგრისი

ٹوتھ برش

კბილის პასტა

ٹوتھ پیسٹ

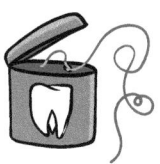

კბილის ძაფი

ڈینٹل فلاس

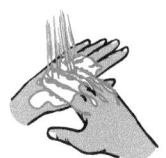

რეცხვა

دھونا

ხელის შხაპი

ہینڈ شاور

ინტიმური შხაპი

شاور

ტაშტი

بیسن

ზურგის სახეხი ფუნჯი

بیک برش

საპონი

صابن

შხაპის გელი

شاورجل

შამპუნი

شیمپو

ნეჭა

فلالین

სანიაღვრე

ڈرین

კრემი

کریم

დეოდორანტი

ڈیوڈورنٹ

სარკე

آئینہ

ხელის სარკე

ہاتھ میں پکڑا جانےوالا آئینہ

ბრიტვა

ریزر

საპარსი ქაფი

شیونگ فوم

საშუალება გაპარსვის შემდეგ

افٹرشیو

სავარცხელი

کنگھی

ჯაგრისი

برش

თმის საშრობი

ہیئرڈرائر

თმის ლაქი

ہیئراسپرے

კოსმეტიკა

میک اپ

ტუჩების პომადა

لپ اسٹک

ფრჩხილის ლაქი

نیل وارنش

ბამბა

روئی

ფრჩხილის მაკრატელი

ناخن کاٹنےکی قینچی

სუნამო

پرفیوم

კოსმეტიკის ჩანთა

واش بیگ

ტაბურეტი

پاخانہ

სასწორი

وزن کرنےکی مشین

საბაზანო ხალათი

باتھ روب

რეზინის ხელთათმანები

ربڑکےدستانے

ტამპონი

ٹیمپون

ანიტარული პირსახოცი

سینیٹری ٹاول

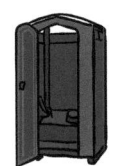

ბიო-ტუალეტი

کیمیکل ٹائلٹ

საბავშვო ოთახი

بچوں کا کمرہ

მაღვიძარა
الارم کلاک
რბილი სათამაშო
کڈلی ٹوائے
სათამაშო მანქანა
کھلونا کار
ჩხარუნა სათამაშო
جُھنجھنا
თოჯინების სახლი
گڑیا گھر
საჩუქარი
موجود

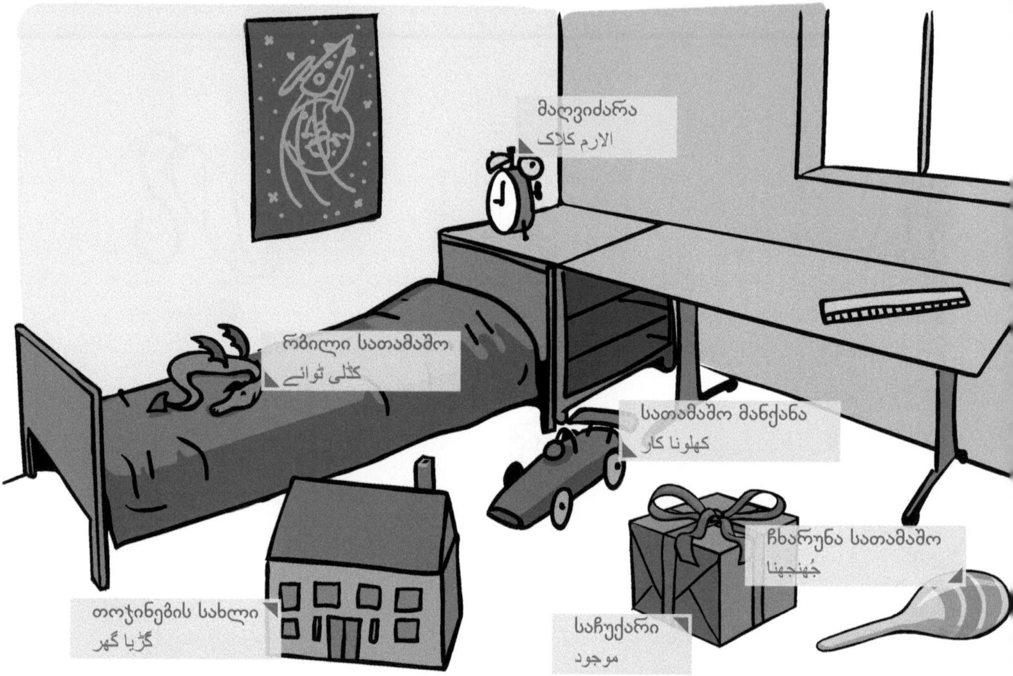

ბუშტი

غبارہ

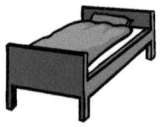

ლოგინი

بستر

საბავშვო ეტლი

پرام

კარტის თამაში

ڈیک آف کارڈز

პაზლი

جگسا

კომიკსი

کامک

ლეგოს აგურები

لیگوبرکس

ასაშენებელი კუბიკები

کھلونا بلاکس

სათამაშო ფიგურა

ایکشن فگر

საცოცავი

بچے کا لباس

ფრისბი

فرسبی

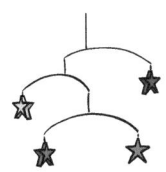

მობილე

کھلونا موبائل

სამაგიდო თამაში

بورڈ گیم

კამათელი

ڈائس

რკინიგზის მოდელი

ماڈل ٹرین سیٹ

საწოვარა

ڈمی

წვეულება

پارٹی

წიგნი ნახატებით

تصاویر والی کتاب

ბურთი

گیند

თოჯინა

گڑیا

თამაში

کھیلنا

საქვიშარი

سینڈ پٹ

საქანელა

جھولا جھولنا

სათამაშოები

کھلونے

ვიდეო თამაშის კონსოლი

وڈیوگیم کنسول

სამთვლიანი ველოსიპედი

تین پہیوں والی سائیکل

დათუნია

ٹیڈی بیئر

გარდერობი

کپڑوں کی الماری

ტანსაცმელი

لباس

წინდები

موزے

ჩულქები

اسٹاکنگز

კოლგოტები

ٹائٹس

შარფი
اسکارف
ქოლგა
მკლავებიანი მაისური
ქამარი
ფეხსაცმელი
بوٹ
ჩუსტები
سلیپر
ბოტასები

სანდლები

سینڈل

ფეხსაცმელი

جوتے

რეზინის ჩექმები

ربڑ کے بوٹس

ტრუსები

زیرجامہ

ბიუსჰალტერი

بریزئیر

მაისური

واسکٹ

ტანსაცმელი - لباس 45

სხეული

جسم

შარვალი

پتلون

ჯინსი

جینز

ქვედაკაბა

اسکرٹ

ბლუზი

بلاؤز

პერანგი

قمیض

სვიტრი

پُل اوور

კაპიუშონიანი ჟაკეტი

سویٹر

სპორტული ქურთუკი

بلیزر

ჟაკეტი

جیکٹ

პალტო

کوٹ

საწვიმარი

رین کوٹ

კოსტუმი

کوئی خاص لباس

კაბა

لباس

საქორწილო კაბა

شادی کا لباس

კაცის კოსტიუმი

سوٹ

ღამის პერანგი

نائٹ گاؤن

პიჟამოები

پائجامہ

სარი

ساڑھی

თავშალი

سرپرلیا جانےوالا اسکارف

ტურბანი

پگڑی

ჩადრი

بُرقع

ხიფთანი

کفتان

აბაია

عبایہ

საცურაო კოსტუმი

تیراکی کا سوٹ

ჩემოდნები

ٹرنک

შორტები

نیکر

სპორტული კოსტიუმი

ٹریک سوٹ

წინსაფარი

اپرن

ხელთათმანები

دستانے

ღილი

بٹن

სათვალეები

عینک

სამაჯური

کنگن

ყელსაბამი

ہار

ბეჭედი

انگوٹھی

საყურე

کانوں کی بالیاں

კეპი

ٹوپی

საკიდი

کوٹ ہینگر

ქუდი

ہیٹ

ჰალსტუხი

ٹائی

ელვა-შესაკრავის შეკვრა

زپ

ჩაფხუტი

ہیلمٹ

აჭიმი

بریسز

სკოლის ფორმა

سکول یونیفارم

ფორმა

وردی

გაეშვის წინსაფარი
....
بب

საწოვარა
....
ڈمی

პამპერსი
....
نیپی

ოფისი
دفتر

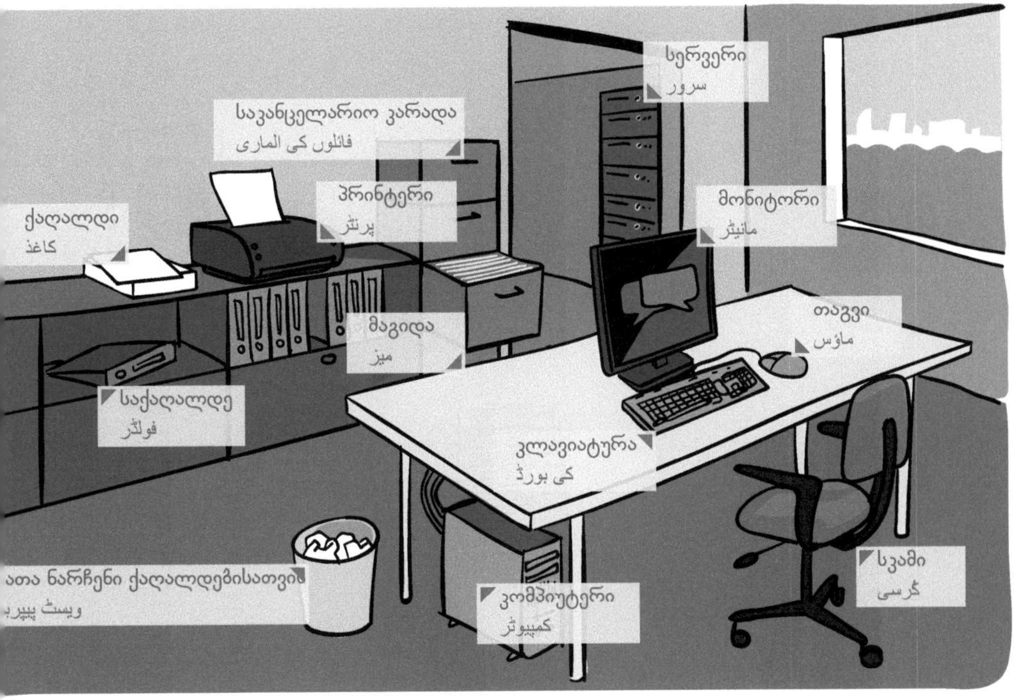

სერვერი
سرور

საკანცელარიო კარადა
فائلوں کی الماری

პრინტერი
پرنٹر

მონიტორი
مانیٹر

ქაღალდი
کاغذ

მაგიდა
میز

თაგვი
ماؤس

საქაღალდე
فولڈر

კლავიატურა
کی بورڈ

ათა ნარჩენი ქაღალდებისათვის
ویسٹ پیپر ب

კომპიუტერი
کمپیوٹر

სკამი
کرسی

ყავის ფინჯანი
....
کافی مگ

კალკულატორი
....
کیلکولیٹر

ინტერნეტი
....
انٹرنیٹ

ლეპტოპი

لیپ ٹاپ

წერილი

خط

მესიჯი

پیغام

მობილური ტელეფონი

موبائل

ქსელი

نیٹ ورک

სკანერი

فوٹوکاپئیر

პროგრამული უზრუნველყოფა

سافٹ ویئر

ტელეფონი

ٹیلی فون

როზეტი

پلگ ساکٹ

ფაქსის მანქანა

فیکس مشین

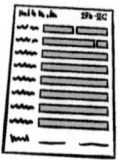

ფორმულარი

فارم

დოკუმენტი

دستاویز

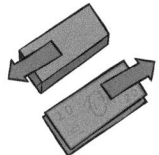

ყიდვა

خریدنا

გადახდა

ادائیگی کرنا

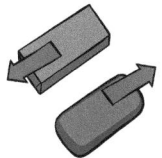

ვაჭრობა

تجارت کرنا

ფული

رقم

დოლარი

ڈالر

ევრო

یورو

იენი

ین

რუბლი

روبل

შვეიცარული ფრანკი

سوئس فرانک

ჟენმინბი იუანი

رینمنبی یوآن

რუპი

روپیہ

ბანკომატი

کیش پوائنٹ

ვალუტის გადაცვლის პუნქტი

رقم تبدیل کرانے کیلئے دفتر

ოქრო

سونا

ვერცხლი

چاندی

ნავთობი

خام تیل

ენერგია

توانائی

ფასი

قیمت

ხელშეკრულება

معاہدہ

გადასახადი

ٹیکس

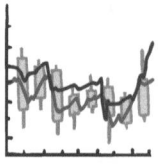

აქცია

اسٹاک

მუშაობა

کام کرنا

თანამშრომელი

ملازم

დამსაქმებელი

آجر

ქარხანა

فیکٹری

მაღაზია

دکان

پیشے

პოლიციის ოფიცერი
پولیس افسر
فائر مین
მზარეული
خانساماں، کُک
ექიმი
ڈاکٹر
მფრინავი
پائلٹ

მებაღე

مالی

დურგალი

ترکھان

თეთრეულის მკერავი ქალბატონი

درزن

მოსამართლე

جج

ქიმიკოსი

کیمسٹ

მსახიობი

اداکار

ავტობუსის მძღოლი

بس ڈرائیور

ტაქსის მძღოლი

ٹیکسی ڈرائیور

მეთევზე

مچھیرا

დამლაგებელი ქალბატონი

صفائی کرنےوالی عورت

სახურავის ოსტატი

چھت بنانےوالا

მიმტანი

ویٹر

მონადირე

شکاری

ფერმწერი

پینٹر

მცხობელი

بیکر

ელექტრიკოსი

الیکٹریشین

მშენებელი

بلڈر

ინჟინერი

انجینئر

ყასაბი

قصائی

სანტექნიკოსი

پلمبر

ფოსტალიონი

ڈاکیا

ჯარისკაცი

سپاہی

არქიტექტორი

آرکیٹیکٹ

მოლარე

کیشئیر

ფლორისტი

پھول بیچنے والا

პარიკმახერი

نائی

კონდუქტორი

کنڈکٹر

მექანიკოსი

مکینک

კაპიტანი

کپتان

სტომატოლოგი

ڈینٹسٹ

მეცნიერი

سائنسدان

რაბინი

یہودی عالم

იმამი

امام

ბერი

راہب

სასულიერო პირი

پادری

იარაღები

اوزار

ჩაქუჩი
გრტყელტუჩა
پلائرز
სახრახნისი
پیچ کس
ქანჩის გასაღები
رینچ
ჯიბის სანათი

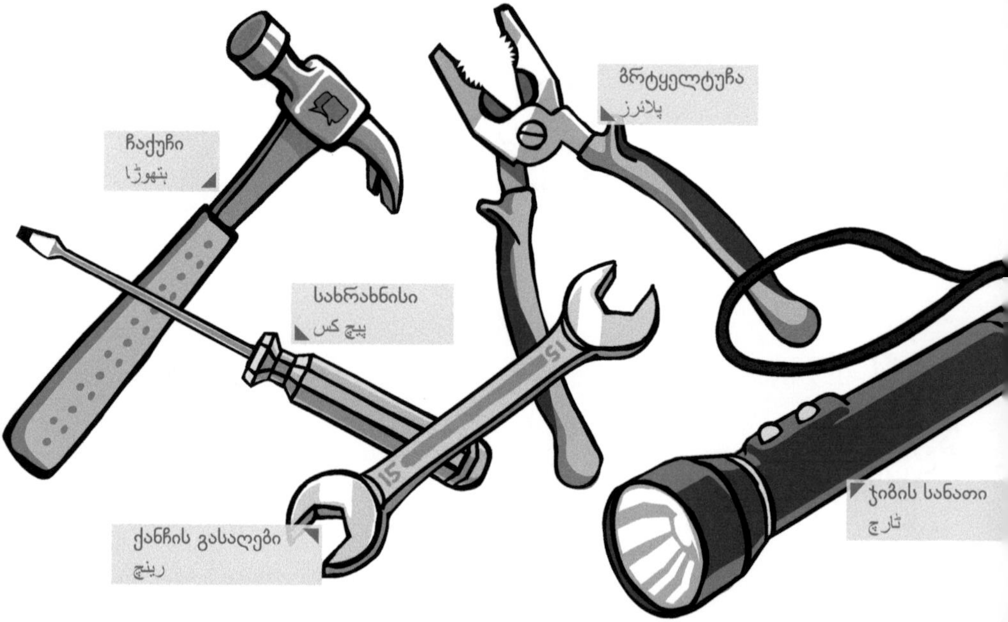

ექსკავატორი

ایکسکویٹر

იარაღების ყუთი

ٹول باکس

კიბე

سیڑھی

ხერხი

آری

ლურსმები

کیل

საბურღი

ڈرل

შეკეთება

مرمت کرنا

ნიჩაბი

بیلچہ

ანდაბა!

لعنت ہو!

აქანდაზი

ڈسٹ پین

საღებავის ქოთანი

پینٹ پاٹ

ხრახნები

پیچ

მუსიკალური ინსტრუმენტები

آلات موسیقی

რეპროდუქტორი
لاؤڈ اسپیکر
დასარტყამი ინსტრუმენტების კრებული
ڈرم سیٹ
გიტარა
گٹار
კონტრაბასი
ڈبل باس
საყვირი
بگل

ფორტეპიანო

پیانو

ვიოლინო

وائلن

ბასი

موسیقی کی آواز

ტიმპანონი

ٹمپانی

დასარტყამები

ڈھول، ڈرمز

კლავიშები

کی بورڈ

საქსოფონი

سیکسوفون

ფლეიტა

بانسری

მიკროფონი

مائیکروفون

ზოოპარკი

چڑیا گھر

ვეფხვი
چیتا
შესასვლელი
داخلے کا راستہ
გალია
پنجرہ
ზებრა
زیبرا
ცხოველთა საკვები
جانوروں کا چارہ
პანდა
پانڈا

ცხოველები

جانور

სპილო

ہاتھی

კენგურუ

کینگرو

მარტორქა

گینڈا

გორილა

گوریلا

დათვი

ریچھ

აქლემი

اونٹ

სირაქლემა

شُترمُرغ

ლომი

شیر

მაიმუნი

بندر

ფლამინგო

فلیمنگو

თუთიყუში

طوطا

პოლარული დათვი

قطبی ریچھ

პინგვინი

کبوتر

ზვიგენი

شارک

ფარშევანგი

مور

გველი

سانپ

ნიანგი

مگرمچھ

ზოოპარკის მფლობელი

چڑیا گھر کا محافظ

სელაპი

سیل

იაგუარი

امریکی تیندوا

პონი

ٹٹو

ლეოპარდი

چیتا

ბეჰემოტი

دریائی گھوڑا

ჟირაფი

زرافہ

არწივი

عقاب

ტახი

سؤر

თევზი

مچھلی

კუ

کچھوا

მორჟი

سمندری گھوڑا

მელა

لومڑی

გაზელი

غزال ہرن

სპორტი

کھیلیں

ამერიკული ფეხბურთი
امریکن فٹ بال
ველოსპორტი
سائیکلنگ
ჩოგბურთი
ٹینس
კალათბურთი
باسکٹ بال
ცურვა
پیراکی
კრივი
باکسنگ
ყინულის ჰოკეი
آئس ہاکی

ფეხბურთი

فٹ بال

ბადმინტონი

بیڈمنٹن

მძლეოსნობა

اتھلیٹکس

ხელბურთი

ہینڈ بال

სათხილამურო სპორტი

اسکیئنگ

წყლის პოლო

پولو

ახტომა
چھلانگ
ჩახუტება
گلے لگانا
დაცინვა
სიმღერა
گانا
ოცნებობა
خواب دیکھنا
ლოცვა
دُعا کرنا
კოცნა
چُومنا

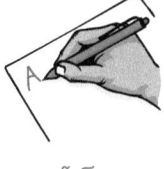

წერა

لکھنا

დახატვა

تصویر کشی کرنا

ჩვენება

دکھانا

დაჭერა

آگے کی طرف دھکیلنا

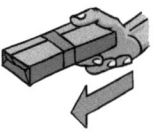

მიცემა

دینا

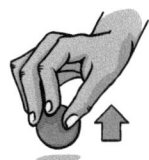

აღება

لینا

ქონა

رکھنا

კეთება

کرنا

ყოფნა

ہونا

დგომა

کھڑا ہونا

გარბენა

دوڑنا

მოქაჩვა

کھینچنا

გადაყრა

پھینکنا

დაცემა

گرنا

ტყუილის თქმა

جھوٹ بولنا

მოცდენა

انتظار کرنا

ტარება

اُٹھانا

ჯდომა

بیٹھنا

ჩაცმა

ملبوس ہونا

ძილი

سونا

გაღვიძება

جاگنا

დათვალიერება

دیکھنا

ტირილი

رونا

გაუთოება

چوٹ لگانا

დავარცხნა

کنگھی کرنا

ლაპარაკი

بات کرنا

გაგება

سمجھنا

შეკითხვა

پوچھنا

მოსმენა

مُتوجہ ہونا

დალევა

پینا

ჭამა

کھانا

დალაგება

صاف کرنا

ყვარება

پیارکرنا

კერძების მზადება

پکانا

სვლა

گاڑی چلانا

ფრენა

اُڑنا

აფრის ქვეშ სიარული

....

بحری سفر کرنا

გამოთვლა

....

شمار کریں

წაკითხვა

....

پڑھنا

შესწავლა

....

سیکھنا

მუშაობა

....

کام کرنا

ქორწინება

....

شادی کرنا

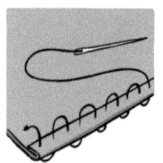

კერვა

....

سینا

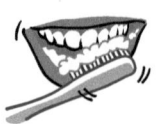

კბილების ხეხვა

....

دانت صاف کرنا

მოკვლა

....

جان سے ماردینا

მოწევა

....

تمباکونوشی کرنا

გაგზავნა

....

بھیجنا

ოჯახი

خاندان

სტუმარი

مہمان

დეიდა

چچی

ბიძა

چچا

ძმა

بھائی

და

بہن

შუბლი
თვალი
მხარი
თითი
انگلی
სახე
چہرہ
ნიკაპი
ٹھوڑی
ხელი
მკერდი
چھاتی
ფეხი
ٹانگ
მკლავი
بازو

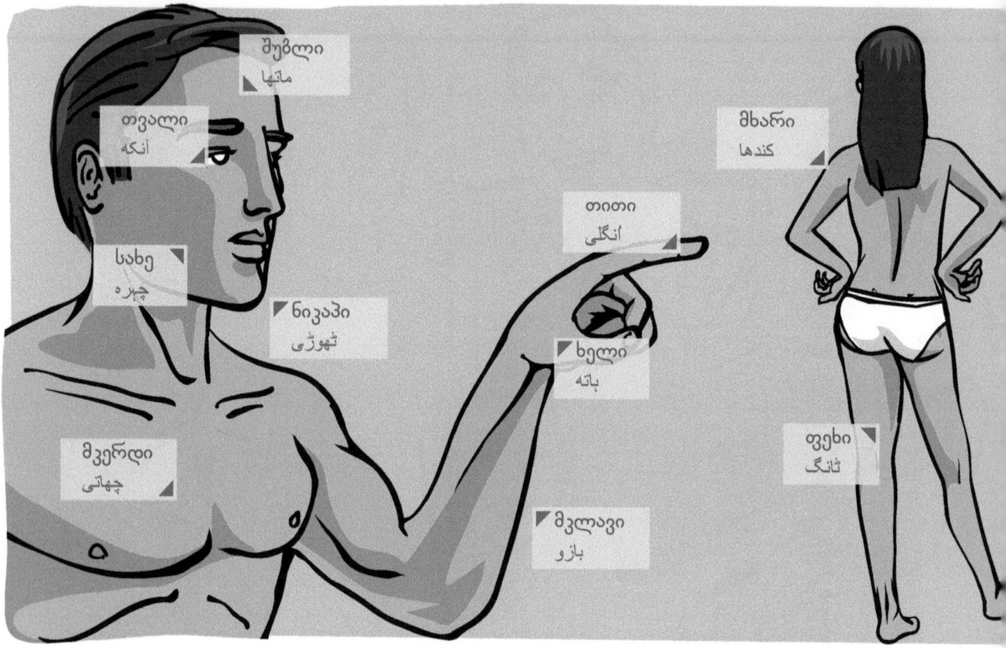

ბავშვი
طفل

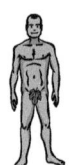

კაცი
آدمی

ქალი
عورت

გოგო
لڑکی

ბიჭი
لڑکا

თავი
سر

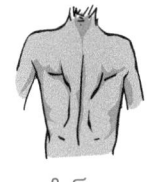

ზურგი

کمر

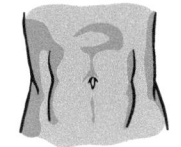

მუცელი

پیٹ

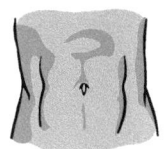

ჭიპი

ناف

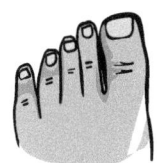

ფეხის თითი

پاؤں کا انگوٹھا

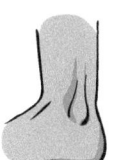

ქუსლი

ایڑھی

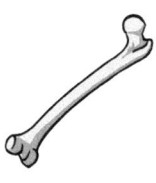

ძვალი

ہڈی

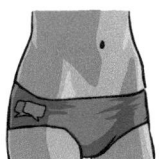

ბარძაყი

کولہا

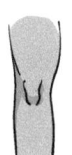

მუხლი

گھٹنا

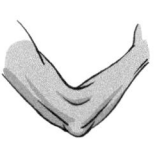

იდაყვი

کہنی

ცხვირი

ناک

დუნდულა

نچلا حصہ

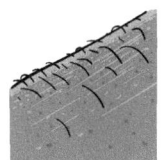

კანი

جلد

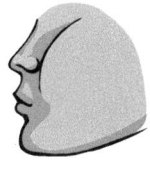

ლოყა

گال

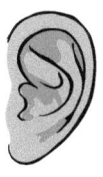

ყური

کان

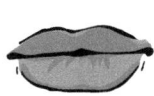

ტუჩი

ہونٹ

პირი

منہ

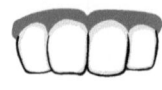

კბილი

دانت

ენა

زُبان

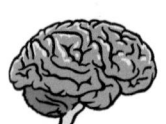

ტვინი

دماغ

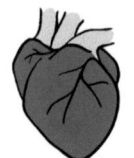

გული

دل

კუნთი

پٹھہ

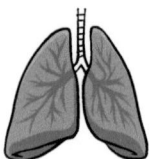

ფილტვი

پھیپھڑا

ღვიძლი

جگر

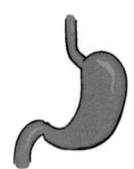

კუჭი

معدہ

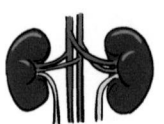

თირკმელები

گردے

სექსი

جنس

პრეზერვატივი

کنڈوم

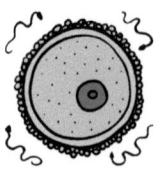

კვერცხუჯრედი

بیضہ

სპერმა

مادہ منویہ

ორსულობა

حمل

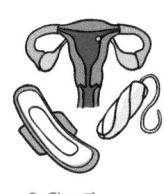

მენსტრუაცია

حیض

საშო

اندام نهانی

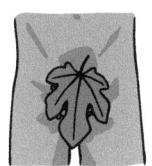

პენისი

عضو تناسل

წარბი

بهنوین

თმა

بال

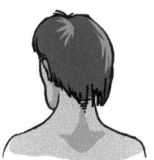

კისერი

گردن

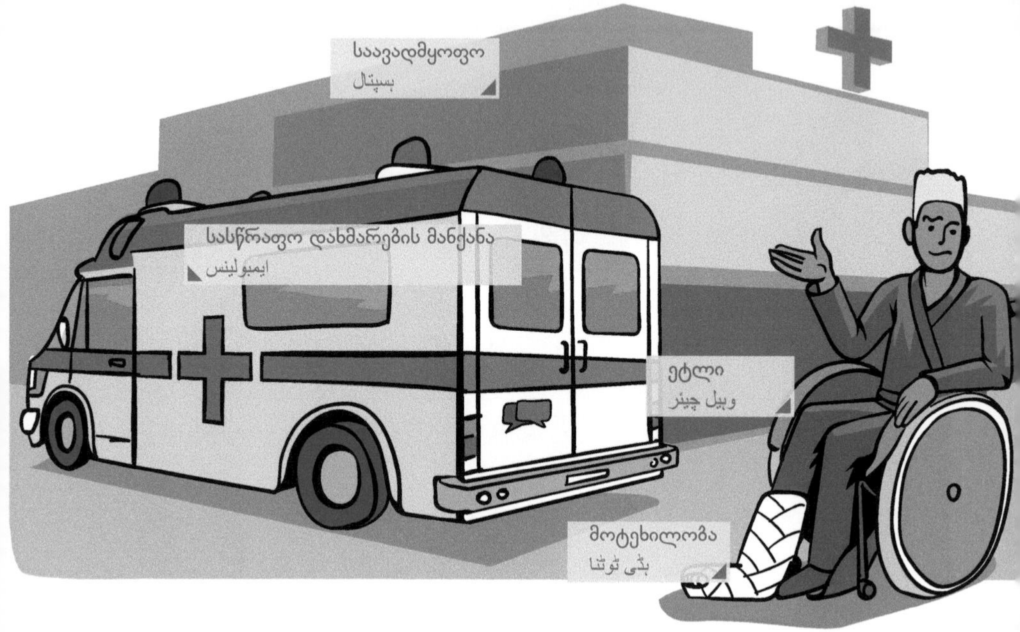

საავადმყოფო

ہسپتال

საავადმყოფო
ہسپتال
სასწრაფო დახმარების მანქანა
ایمبولینس
ეტლი
მოტეხილობა
ہڈی ٹوٹنا

ექიმი

ڈاکٹر

პირველი დახმარების ოთახი

ہنگامی کمرہ

მედდა

نرس

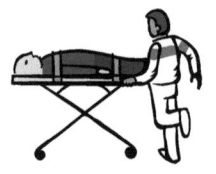

გადაუდებელი შემთხვევა

ہنگامی صورتحال

უგონოდ მყოფი

بےہوش

ტკივილი

درد

72 საავადმყოფო - ہسپتال

დაზიანება

زخم

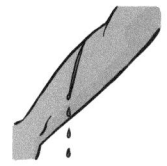

სისხლდენა

خون بہنا

გულის შეტევა

دل کا دورہ

ინსულტი

فالج

ალერგია

الرجی

ხველა

کھانسی

ცხელება

بخار

გრიპი

زکام

დიარეა

اسہال

თავის ტკივილი

سردرد

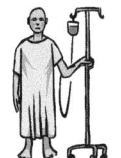

კიბო

کینسر

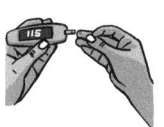

დიაბეტი

ذیابیطس

ქირურგი

سرجن

სკალპელი

نشتر

ოპერაცია

آپریشن

კტ

سی ٹی

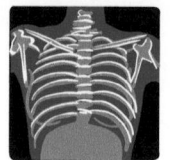

რენტგენი

ایکس رے

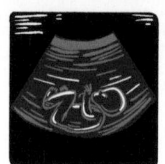

ულტრაბგერა

الٹراساؤنڈ

ნიღაბი

چہرے کا نقاب

დაავადება

بیماری

მოსაცდელი ოთახი

انتظارگاہ

ყავარჯენი

بیساکھی

თაბაშირი

پلاسٹر

ბინტი

پٹی

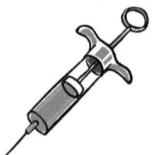

ინექცია

انجکشن

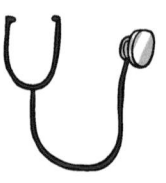

სტეტოსკოპი

اسٹیتھواسکوپ

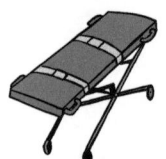

საკაცე

اسٹریچر

თერმომეტრი

مطبی تھرما میٹر

დაბადება

پیدائش

ჭარბი წონა

حد سےزیادہ وزن

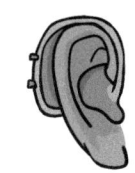

სმენის აპარატი

آلہ سماعت

სადეზინფექციო საშუალება

جراثیم کش

ინფექცია

انفیکشن

ვირუსი

وائرس

აივ / შიდსი

ایچ آئی وی/ ایڈز

წამალი

دوا

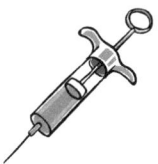

ვაქცინაცია

ویکسی نیشن

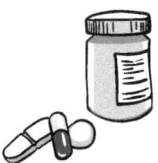

ტაბლეტები

گولیاں

აბი

گولی

დაუდებელი გამოძახება

ہنگامی کال

წნევის საზომი აპარატი

بلڈ پریشر مانیٹر

ავადმყოფი / ჯანმრთელი

بیمار/ صحتمند

გადაუდებელი შემთხვევა
ہنگامی صورتحال

დამეხმარეთ!

مدد!

განგაში

الارم

თავდასხმა

مُجرمانہ حملہ

შეტევა

حملہ

საფრთხე

خطرہ

სათადარიგო გასასვლელი

ہنگامی راستہ

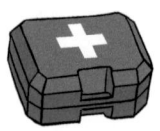

ხანძარი!

آگ!

ცეცხლსაქრობი

آگ بُجھانے والا آلہ

უბედური შემთხვევა

حادثہ

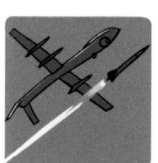

პირველადი დახმარების აფთიაქი

ابتدائی طبی امداد کی کٹ

SOS

ایس او ایس

პოლიცია

پولیس

ევროპა

یورپ

ჩრდილოეთ ამერიკა

شمالی امریکہ

სამხრეთ ამერიკა

جنوبی امریکہ

აფრიკა

افریقہ

აზია

ایشیا

ავსტრალია

آسٹریلیا

ატლანტიკა

بحر اوقیانوس

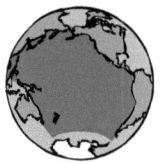

წყნარი ოკეანე

بحر الکاہل

ინდოეთის ოკეანე

بحرہند

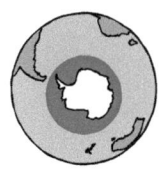

ანტარქტიკის ოკეანე

بحرقطب جنوبی

ჩრდილოეთის ყინულოვანი ოკეანე

بحرقطب شمالی

ჩრდილოეთ პოლუსი

قطب شمالی

სამხრეთ პოლუსი

قطب جنوبی

ანტარქტიდა

انٹارکٹیکا

დედამიწა

زمین

ხმელეთი

زمین

ზღვა

سمندر

კუნძული

جزیره

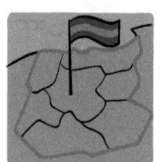

ერი

قوم

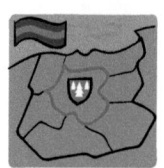

სახელმწიფო

ریاست

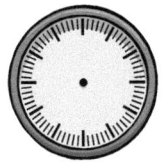

ციფერბლატი
....
كلاك كا سامنے كا حصہ

საათების ისარი
....
گھنٹوں والی سوئی

წუთების ისარი
....
منٹوں والی سوئی

წამების ისარი
....
سیکنڈ ہینڈ

რომელი საათია?
....
کیا وقت ہوا ہے؟

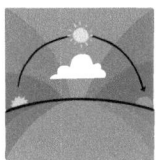

დღე
....
دن

დრო
....
وقت

ახლა
....
اب

ციფრული საათი
....
ڈیجیٹل گھڑی

წუთი
....
منٹ

საათი
....
گھنٹہ

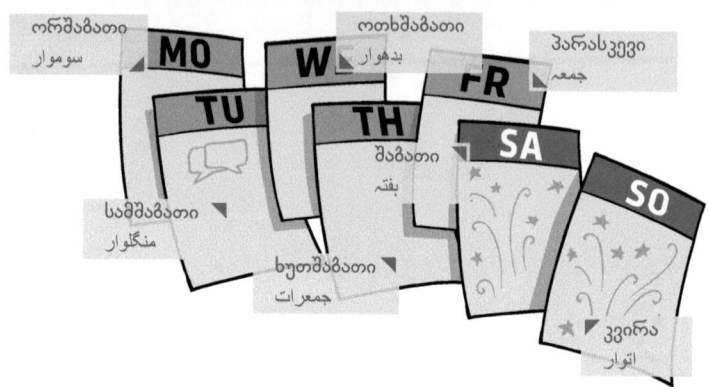

ორშაბათი
سوموار

ოთხშაბათი
بدهوار

პარასკევი
جمعه

სამშაბათი
منگلوار

ხუთშაბათი
جمعرات

შაბათი
هفته

კვირა
اتوار

გუშინ
گزرا کل

დღეს
آج

ხვალ
کل

დილა
صبح

შუადღე
دوپہر

საღამო
شام

MO	TU	WE	TH	FR	SA	SU
1	2	3	4	5	6	7
8	9	10	11	12	13	14
15	16	17	18	19	20	21
22	23	24	25	26	27	28
29	30	31	1	2	3	4

სამუშაო დღეები
کاروباری دن

MO	TU	WE	TH	FR	SA	SU
1	2	3	4	5	6	7
8	9	10	11	12	13	14
15	16	17	18	19	20	21
22	23	24	25	26	27	28
29	30	31	1	2	3	4

შაბათი-კვირა
هفتےکا اختتام

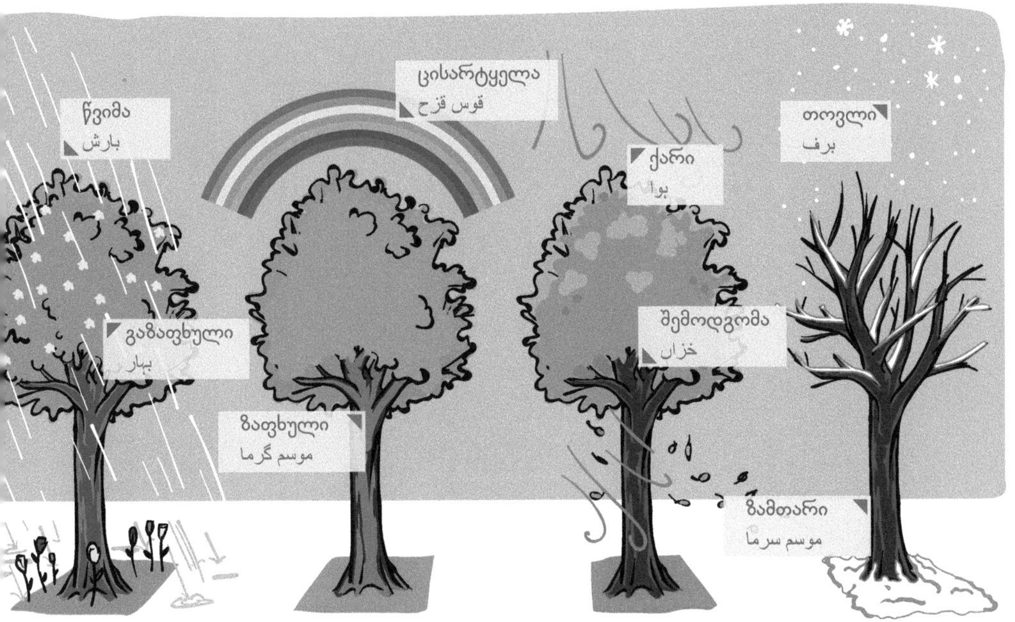

ცისარტყელა
قوس قزح
წვიმა
بارش
თოვლი
برف
ქარი
بوا
გაზაფხული
بہار
შემოდგომა
خزاں
ზაფხული
موسم گرما
ზამთარი
موسم سرما

4.APRIL 11°
5.APRIL 4°
6.APRIL 13°
7.APRIL 8°
8.APRIL 10°

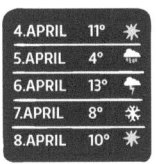

ამინდის პროგნოზი

موسمی پیش گوئی

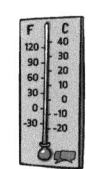

F
C
120
90
60
30
0
-30
40
30
20
10
0
-10
-20

თერმომეტრი

تھرما میٹر

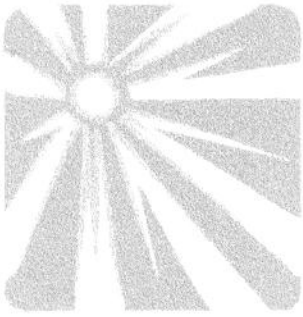

მზის სხივი

دھوپ

ღრუბელი

بادل

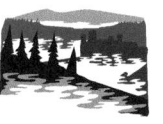

ნისლი

دُھند

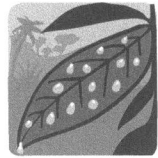

ტენიანობა

حبس

ელვა

بجلی کوندھنا

ქუხილი

بادلوں کی گرج

შტორმი

طوفان

სეტყვა

ژالہ باری

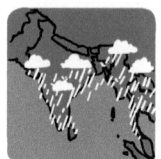

მუსონი

مون سون

წყალდიდობა

سیلاب

ყინული

برف

იანვარი

جنوری

თებერვალი

فروری

მარტი

مارچ

აპრილი

اپریل

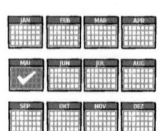

მაისი

مئی

ივნისი

جون

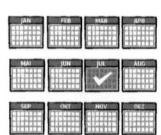

ივლისი

جولائی

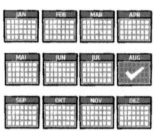

აგვისტო

اگست

სექტემბერი

ستمبر

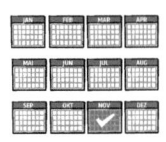

ოქტომბერი

اکتوبر

ნოემბერი

نومبر

დეკემბერი

دسمبر

ფორმები

اشکال

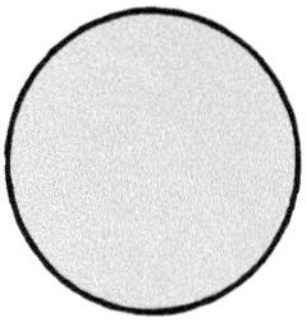

წრე

دائره

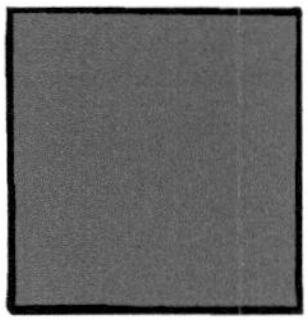

კვადრატი

چوکور

მართკუთხედი

مُستطیل

სამკუთხედი

تکون

სფერო

گره

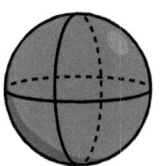

კუბი

مکعب

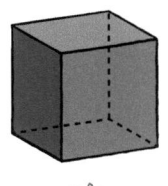

ფერები
رنگ

თეთრი

سفید

ყვითელი

پیلا

ნარინჯისფერი

نارنجی

ვარდისფერი

گلابی

წითელი

سُرخ

იისფერი

جامنی

ცისფერი

نیلا

მწვანე

سبز

ყავისფერი

بهورا

ნაცრისფერი

مٹیالا

შავი

سیاه

ბევრი / ცოტა

بہت زیادہ / بہت کم

გაბრაზებული / მშვიდი

ناراض / پُرسکون

ლამაზი / მახინჯი

خوبصورت / بدصورت

დასაწყისი / დასასრული

آغاز / اختتام

დიდი / პატარა

بڑا / چھوٹا

ნათელი / მუქი

روشن / اندھیرا

ძმა / და

بھائی / بہن

სუფთა / ჭუჭყიანი

صاف / گندا

სრული / არასრული

مکمل / نامکمل

დღე / ღამე

دن / رات

მკვდარი / ცოცხალი

زندہ / مُردہ

განიერი / ვიწრო

چوڑا / تنگ

საჭმელად ვარგისი / საჭმელად უვარგისი

کھانے کے قابل ہونا / کھانے کے قابل نہ ہونا

ბოროტი / კეთილი

بُرا / اچھا

შთამბეჭდავი / მოსაწყენი

پُرجوش / بوریت کا شکار

სქელი / თხელი

موٹا / دُبلا

პირველი / ბოლო

پہلا / آخری

მეგობარი / მტერი

دوست / دُشمن

სრული / ცარიელი

بھرا ہوا / خالی

მყარი / რბილი

سخت / نرم

მძიმე / მსუბუქი

بوجھل / ہلکا

მოშიებული / მწყურვალე

بھوک / پیاس

ავადმყოფი / ჯანმრთელი

بیمار / صحتمند

არალეგალური / ლეგალური

غیرقانونی / قانونی

ინტელექტუალი / სულელი

عقلمند / بیوقوف

მარცხენა / მარჯვენა

بائیں / دائیں

ახლოს / შორს

نزدیک / دور

ხალი / გამოყენებული

نیا / پُرانا

არაფერი / რაღაცა

کچھ نہیں / کچھ ہے

მოხუცი / ახალგაზრდა

بوڑھا / نوجوان

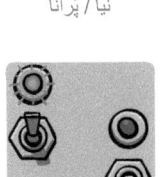

ჩართვა / გამორთვა

آن / آف

ღია / დახურული

کُھلا / بند

ჩუმი / ხმამაღალი

خاموش / بُلند آواز

მდიდარი / ღარიბი

امیر / غریب

მართალი / მტყვანი

ٹھیک / غلط

უხეში / გლუვი

کھُردرا / ہموار

სევდიანი / ბედნიერი

افسردہ / خوش

მოკლე / გრძელი

مُختصر / طویل

ნელი / სწრაფი

آہستہ / تیز

სველი / მშრალი

گیلا / خُشک

თბილი / გრილი

گرم / ٹھنڈا

ომი / მშვიდობა

جنگ / امن

რიცხვები

اعداد

0

ნული

صفر

1

ერთი

ایک

2

ორი

دو

3

სამი

تین

4

ოთხი

چار

5

ხუთი

پانچ

6

ექვსი

چھ

7

შვიდი

سات

8

რვა

آٹھ

9

ცხრა

نو

10

ათი

دس

11

თერთმეტი

گیارہ

12	**13**	**14**
თორმეტი	ცამეტი	თოთხმეტი
....	....	....
باره	تیره	چوده
15	**16**	**17**
თხუთმეტი	თექვსმეტი	ჩვიდმეტი
....	....	....
پندره	سولہ	سترہ
18	**19**	**20**
თვრამეტი	ცხრამეტი	ოცი
....	....	....
اٹھارہ	اُنیس	بیس
100	**1.000**	**1.000.000**
ასი	ათასი	მილიონი
....	....	....
سو	ہزار	دس لاکھ

ენები
زبانیں

ინგლისური

انگریزی

ამერიკული ინგლისური

امریکی انگریزی

ჩინური მანდარინი

چینی مینڈارین

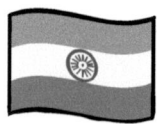

ჰინდი

ہندی

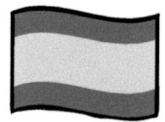

ესპანური

ہسپانوی

ფრანგული

فرانسیسی

არაბული

عربی

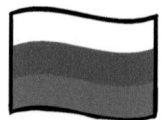

რუსული

روسی

პორტუგალიური

پُرتگالی

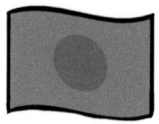

ბენგალური

بنگالی

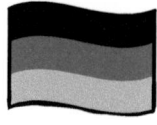

გერმანული

جرمن

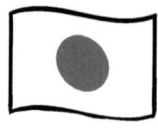

იაპონური

جاپانی

ვინ / რა / როგორ
کون / کیا / کیسے

მე

میں

შენ

تم

ის / ის / იგი

وہ (لڑکا) / وہ (لڑکی) / یہ

ჩვენ

ہم

თქვენ

تم

ისინი

وہ

ვინ?

کون؟

რა?

کیا؟

როგორ?

کیسے؟

სად?

کہاں؟

როდის?

کب؟

სახელი

نام

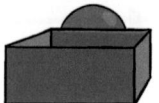

უკან

پیچھے

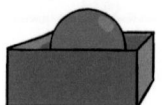

შიგნით

میں

წინ

کے سامنے

ზედ

اوپر

=-ზე

پر

ქვეშ

نیچے

გვერდით

ساتھ

შორის

درمیان

ადგილი

جگہ